8°Z
LE SENNE
8282

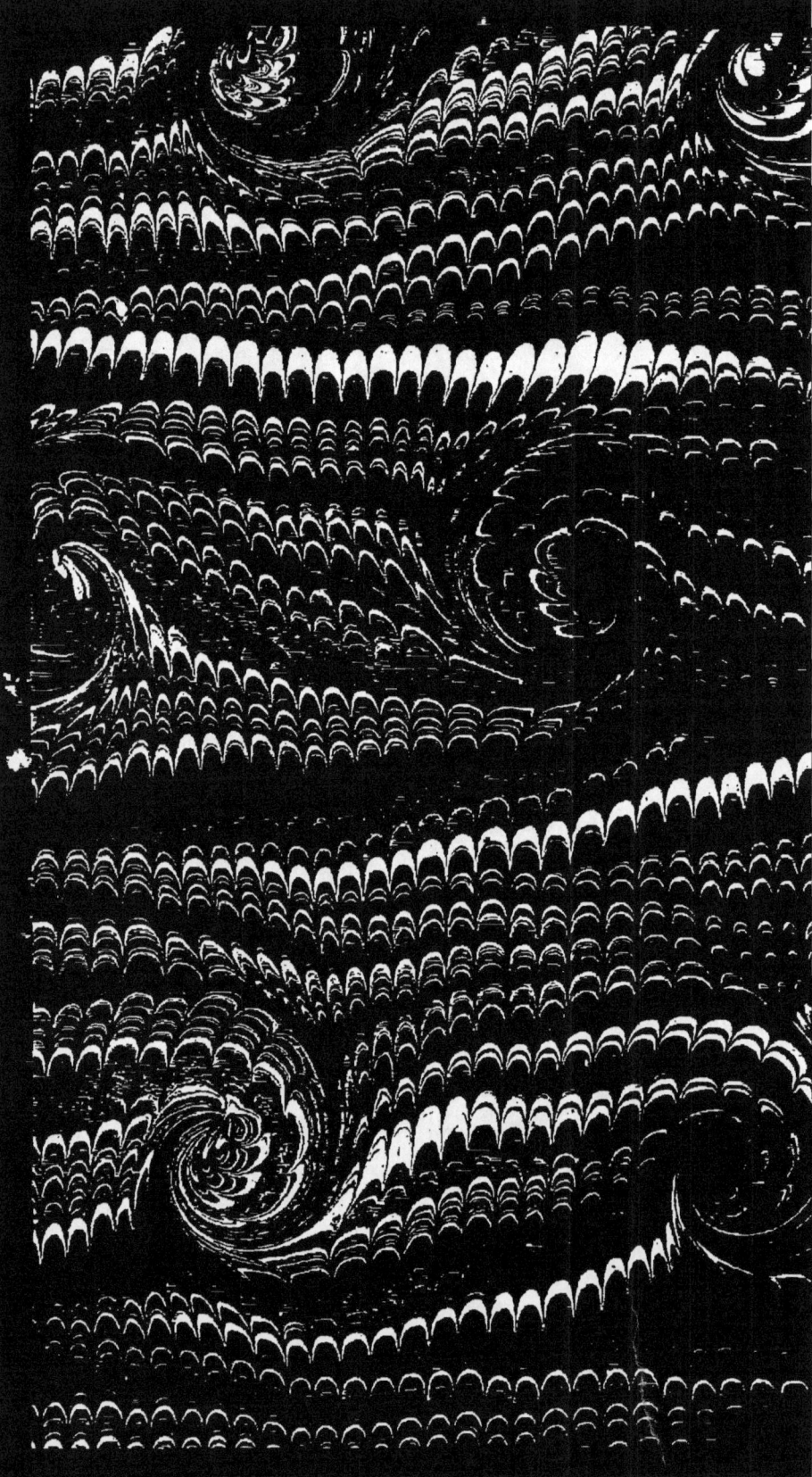

ORAISON FVNEBRE

SVR LE TRESPAS DE Hault, Puissant & Iilustre Messire POMPONE DE BELIEVRE Cheualier & Chancelier de France.

Prononcée en l'Eglise de S. Germain de l'Auxerrois le 17. Septembre 1607.

Par Messire PIERRE FENOLLIET Docteur en Theologie, Predicateur ordinaire du Roy, & nommé par sa Majesté à l'Euesché de Montpellier.

A PARIS,
Chez ROLIN THIERRY, ruë S. Iaques, au Soleil d'or.

1608.

AVEC PRIVILEGE DV ROY.

Oraison Funebre.

Iustorum semita, quasi lux splendens, procedit & crescit vsq; ad perfectam diem.

PROVERB. 4.

COMBIEN dure & fascheuse est la condition de l'homme, & la loy de ses desirs, (tres-illustre & Chrestienne assemblée) qu'il ne puisse vouloir la gloire du ciel à ses amis sans agreer leur mort; ny regretter leur mort, sans regretter leur gloire! par ce que Dieu ayant voulu que la mort fust la porte de la vie, pour effacer nostre disgrace, laquelle violant l'innocence première, auoit fait de la vie la porte de la mort, l'homme est demeuré confus en soy-mesme, ne pouuant separer ces deux choses, que Dieu auoit assemblées; ny penser au repos de l'immortalité, sans penser au passage. Or il arriue ordinairement que les pertes meslées auec les aduantages, & generalement les grands biens attachez aux grands maux partagent nos desirs, & rendent nos volontez douteuses & incertaines. Car si les biens caressent d'vn costé nos affections & les attirent à eux, de l'autre, les maux conioints les rebutét, & degoustent nos appetits. Et voicy le premier chef de mes apprehensions en ceste action Funebre, que ie dresse en l'honneur, & pour la memoire de ce grand Chancelier de France, Messire POMPONE DE BELIEVRE, en laquelle la perte, & les biens

FVNEBRE. 3

c'eſt à dire, les ſujets contraires de triſteſſe & de ioye ſe preſentans à la fois, ie me ſens combattu de deux contraires paſſions. Si ie conſidere ceſte ame, que deuotement nous croyons s'eſtre enuolée dans les cieux, & contemple ces illuſtres actions, qui luiront eternellement en la memoire des François, il me faudra paroiſtre en ce lieu ioyeux & content, pour celebrer ſa gloire, & les loüanges de ſes vertus. Si au contraire i'abaiſſe ma veuë dans ce monde, voyant vne grande lumiere eſteinte dans la France, il me faudra changer le ton ioyeux de ma voix aux triſtes accens de nos douleurs : & ne pourray repreſenter, auec vous, le tendre reſſentiment de mon cœur qu'auec les larmes ; larmes teſmoins de nos regrets ; regrets conceuz de noſtre perte ; perte que tu as faite, ô France,

A iij

ORAISON

& que tu plaindras aux siecles à venir?

MAIS, soit que ie me presente à vous pour loüer, ou pour plaindre, mes apprehensions accroissent par la grandeur du sujet, & sur tout, me voyant porté en veuë de tant d'images viuantes de la Majesté de Dieu. C'est pourquoy ie m'accuse moy-mesme de paroistre en ce lieu, qui autant que ie puis apporter de zele à l'honneur du defunct, d'estonnement à ses merites, & de vœuz à sa gloire, autant ie cognois, que ma foiblesse & mon insuffisance ne peut respondre au deuoir de ceste action, digne des beaux esprits que la France nourrit, & qui auroient faict paroistre sur ce sujet les aduantages heureux d'vne riche eloquence. Et de faict, les Romains anciennement auoient coustume de choisir les plus excellens & rares Orateurs pour haranguer en l'honneur, & aux funerailles des hommes illustres : & nous sçauons que le mesme se practiquoit entre les Grecs, non seulement pour fauoriser leur vertu, laquelle combattuë quelquefois & trauersée durant leur vie, se faisoit en fin recognoistre apres leur mort, comme le grand bouclier d'Achille, destiné au plus vaillant de la Grece, fut sauué du naufrage, pour se rendre vers la tombe d'Aiax : mais encore, parce que les loüanges des morts affranchis de l'enuie, estoient des leçons admirables & puissantes pour instruire les viuans. Que feray-ie donc dans ce triste silence que vous me prestez en ce lieu tapissé de noir, me voyant obligé à discourir des graces & diuines qualitez que ce grand Chancelier auoit receu du ciel, pour le bien

ORAISON

de la France, sinon couurir mon action de mon obeissance, & vous souhaiter autant de bien-veillance en mō endroit, que i'apporte de zele & de fidelité? En quoy cela me console merueilleusement, que ses vertus sont tant cogneuës, & resplendissent tellement de tous costez, qu'elles n'ont point besoin d'emprunter la lumiere de mon discours. Il me suffit de les nommer, Messieurs, elles se preschent soy-mesme, & se grauent dans l'eternité, & ie lis courant dans vos cœurs, & sur vos faces, leur memoire & leur honneur.

CERTES, c'est vn grand poinct gaigné, quand toutes les parties de la vie sont belles, & que la mort apres, fait vne riche closture de ses perfections, quand la vertu, paroissant en la naissance, suit iusques au tombeau; à fin que les extremitez se
baisent

baisent pour faire le cercle de l'honneur. Auquel sens, on peut entendre le dire des anciens, *Bonitas est in centro, pulchritudo verò in circulo*, que la bonté est au centre de l'ame, duquel on tire toutes les lignes droictes de ses actions: mais que la beauté paroist au cercle de sa vie, laquelle par tout semblable, & tousiours vertueuse, faict vne riche couronne pour l'immortalité. Alors toutes choses sont pleines & vnies pour se donner carriere aux loüanges & courir iusques au bout: on peut nommer cela vn tableau parfaict, où rien n'offense les yeux, & ne faut point d'artifice pour couurir les vices & les cacher comme fit Appelles qui flattant le pourtraict du Roy Antigonus, ne le representa qu'à pourfil & d'vn costé, pour cacher le defaut de l'œil qui luy manquoit.

ORAISON

OR maintenant quiconque iettera les yeux sur les belles actions de ce grand Chancelier, qui verra reluire en toutes les parties de son aage l'integrité en sa foy, l'innocence en ses mœurs, la temperance en ses desirs, la fidelité au Roy, l'amour à la France, la preuoyance aux dangers, la prudence aux affaires, la patience aux malheurs, la force d'esprit aux difficultez, & comment la vertu fidele compagne de ses desseins, l'a conduit sur le chariot triomphant de ses merites, par le milieu des grades & dignitez plus eminentes, au feste de l'honneur; iugera que sa vie est vne image parfaicte, que l'on peut representer de front, toute entiere & à tous les iours; de laquelle les rapports admirables, les traits hardis, & les viues couleurs recommandent la gloire de son ouurier. Mais aussi, ce qui

FVNEBRE.

sert de beauté & de perfection à ce tableau, de merueille à vos yeux, sert d'estonnement à mon ame, pour la rendre sterile par l'abondance, & faire mon discours d'autāt plus pauure, que mon sujet est riche & glorieux. Et m'arriue comme à celuy qui entre dās vn iardin remply de fleurs, ne sçait bōnement quelle choisir, tant chacune a de grace & de beauté pour se faire priser : de mesme entrant en la consideration des vertus, dont les soüefues odeurs s'exhalét encor de ce cercueil, chacune à part m'appelle par son merite, & toutes ensemble m'estonnent de leur grandeur.

CAR si pour commencer, ie veux m'arrester mesme aux faueurs de la nature, il me faudra recognoistre en quelque façon veritable le dire des anciens, qu'elle formoit les corps pour les ames du commun, mais que

B ij

ORAISON

les Dieux pestrissoient ceux qui deuoient seruir aux ames grandes, comme precieux outils de leurs diuines actions. C'est pourquoy, outre que la longueur de ses années, arriuée au nombre de soixante & dix-huict, puisse monstrer sa ieunesse sobrement & chastement passée, encor sert-elle de tesmoignage d'vne forte & vigoureuse complexion, auec l'auantage qu'il auoit d'vne taille riche & pleine de majesté: *Non illi pusillum corpus ad contemptum, sed procerum & eminens ad imperium.* Et combien que les choses qui nous arriuent sans nous, n'ayent point de part proprement en nos loüanges; neantmoins ce sont tousiours ouurages parfaits en la nature, & qui seruent d'augure d'vne secrette ellection pour toutes choses hautes & glorieuses. Comme aussi nous faisons estat de l'exemple de nos peres, & de nos ayeuls pour nous conuier à les entreprendre & les suiure. Car il faut confesser que les impressiõs qui nous viennent de là, sont merueilleusement fortes en nostre endroit; & la vertu, ce semble, ne trouue point de lãgue plus diserte & plus fauorable pour se faire embrasser, que les belles actiõs de nos ancestres, qui nous la conseillent puissamment, & nous en donnent l'amour auec le sang.

DE ce costé tout estoit grand pour nostre defunct extraict des plus nobles & anciennes familles, de gens de Conseil & de Iustice, lesquels apres auoir longuement seruy nos Roys en plusieurs grandes charges & ambassades, ont successiuement confiné leurs iours en l'office de premier President au Parlement de Dauphiné; car il estoit second fils de feu Messire

B iij

ORAISON

CLAVDE de BELIEVRE premier President de Grenoble, la memoire duquel est precieusement recueillie de ceste prouince & de toute la France. Son frere aisné Messire IEAN de BELIEVRE sieur de Haute-fort succeda quelques iours apres la mort du pere à la mesme dignité, comme il estoit heritier de ses merites; & par-ce qu'il estoit accomply des plus rares & excellentes vertus, qui se rendent sur tout necessaires dans vn estat confus & embroüillé, il fut enuoyé Ambassadeur en Suisse par le feu Roy, où il rendit tant de preuues de sa prudence & fidelité, que sa Majesté l'y renuoya pour renoueller l'alliance auec les Ligues: Ambassade qui a souuent seruy de presage aux charges plus eminentes de ce Royaume, comme en effect, peu auparauant sa mort le feu Roy declara qu'il estoit des plus dignes & capables pour estre Chancelier de France. Mais du costé maternel nostre defunct eut pour ayeul feu M. Pierre Faye sieur d'Espesses en Lyonnois, pere de Messire Barthelemy Faye Conseiller du Roy & President aux Enquestes du Parlement de ceste ville, qui assembla vne grande science auec vne souueraine integrité, & qui laissa son image en ses enfans, desquels feu Messire Iacques Faye fut President en ceste Cour de Parlement de Paris, l'honorable reputation duquel est toute fresche en vostre memoire. Plus ie remonte, plus l'eau se trouue belle vers la source: car de ce mesme costé il a eu pour bysayeul ce grand Conseiller d'Estat Chancelier & Potestat du Roy Loys douziesme au Duché de Milan Messire Laurens Patarin, le fils duquel a longuement aussi & tres-dignement

ORAISON

feruy la France foubs les Roys François premier, & Henry second, en l'estat de premier Président au Parlement de Bourgongne. Tout cela a seruy de bon-heur à ce grand Chancelier d'estre nay en la famille de si grandes & illustres personnes : mais Dieu a beaucoup fauorisé sa vie d'auoir voulu adiouster à l'honneur de sa naissance le contentement d'vn mariage honorable & fortuné, par l'alliance d'vne maison pleine, de tout temps, de merite & d'honneur, & de laquelle ie dirois d'auantage, si la loüange des viuans n'estoit suspecte de flatterie : auquel mariage on a veu trois choses signalées, vne grande & longue paix, vne douce & perpetuelle conformité d'esprits, auec le nombre de quinze enfans, dont les vns possesseurs des charges grandes & honorables, & les autres mariées dans les plus

plus grandes familles du Royaume suscitent & representent heureusement la gloire de leurs parens: mais la rencontre de ces trois est vn ouurage de la grace & benediction du ciel. Voyez-vous cóment ces choses nous conduisent par la main à recognoistre le dessein de Dieu, qui auoit choisi cét homme pour instrument de ces merueilles, bien-heurant sa naissance & sa condition par des aduantages signalez?

Que dirons-nous maintenant des choses qui sont purement siennes, & enfans legitimes de son esprit? Et que ne dirons-nous de l'amas de tant de celebres actions, qui sont autant de brillans mis en œuure, pour faire & enrichir l'enseigne de sa vie, ou plustost vne forest verdoyante de palme & de lauriers, qui represente sa vertu inuincible & couróne triom-

ORAISON

phante du monde, du temps & du malheur? Ie ne diray rien icy de son bas aage, qui fit voir, côme vn printemps agreable, les premieres fleurs qui seruirér de presage & de promesse de ce grád fruit, que depuis la France a recueilly pour sa gloire & son repos. Ie ne diray point comment il fut noblement & sainctement esleué en l'amour des lettres, & de la pieté, auec la faueur & familiere conuersation des feu Sieur de Moruilliers, & de l'Hospital Chancelier de France, les deux plus parfaits & accomplis personnages de leur siecle. Ie viens à son aage de vingt-deux ans, auquel il fut Conseiller du Roy en la Cour de Parlement de Chambery, iusques à la reddition de ce païs à la Sereniffime Maison de Sauoye, par le mariage, qui côbla de ioye la France, & de bon-heur les voisins. Ainsi sa vertu antidatant ses années en ceste sacrée & souueraine compagnie merita de bonne heure de tenir entre ses mains la vie, & la fortune des hommes: Car, dit grauement sainct Ambroise, *Huiusmodi viro salutem nostram & æstimationem committimus, qui sit iustus & prudens.* Depuis il passa par les affaires & les charges, qui seruirent d'essay à sa prudence, & d'exercice à sa force, pour faire voir au iour les graces & les dons qu'il auoit en son ame, & pour exprimer les vertus secrettes que Dieu auoit cachées au centre de son cœur: comme nous disons, que la chaleur esuente les pommes de senteur, & que le feu euoque les esprits que la nature auoit caché sous le froid & la glace des metaux.

CAR au temps que les premiers troubles commencerent à s'esleuer

C ij

ORAISON

en France (ô douleur! pour salir la blâcheur de ses lis au sang de ses enfãs) il fut enuoyé Presidẽt & Lieutenãt general en la ville de Lyon, non seulement pour y administrer la Iustice, qu'il a tousiours religieusement honorée & conseruée, comme celle qui sied à costé du grãd Dieu: *Iustitia scelerum inimica Deo aßidet*, dit Philõ Iuif, mais aussi pour seruir de conseil dans vne ville frontiere, & de rempart au Royaume. Mais vne ville estoit trop peu pour sa conduite, il luy falloit vn monde, la France cognoissoit son merite, il le falloit faire cognoistre aux estrangers. Il fut donc enuoyé par le Roy Charles neufiesme son Ambassadeur aux Grisons, & de là aux Suisses, où il pratiqua tellement l'espace de sept ans les cœurs de cette nation deuotieuse à la grandeur de son esprit, qu'il les auoit clouez à la couronne de France, sans que les voisins en ce temps-là, se soient preualus de leur amitié, & auec telle adresse & courage, qu'il conserua puissamment en ce lieu inuiolable l'authorité de nos Roys. Certes c'est vne prudence raffinée que d'apriuoiser les hommes par le discours, vaincre les cœurs des estrangers, & par des raisons ineuitables les encliner doucement à nos volontez.

Au retour de son ambassade il fut receu Conseiller au Conseil du Roy, pour contribuer son industrie à supporter le fardeau d'affaires, qui se deschargēt sur les bras du Souuerain. En quoy ie ne sçay s'il fallut alors se resjouïr d'auantage auec luy, pour l'accroissement de sa gloire, ou auec la France, pour l'acquisition d'vn fidelle Conseiller. Car c'est vn tresor incomparable, qu'vne teste bien fai-

C iij

ORAISON

cte & vn sage cerueau, qui inspire vn mouuement reglé aux spheres de l'estat, & nourrit les accords d'vne parfaicte harmonie. Et combien que les profits que nous en receuons, ne se preschent point si haut que ceux qui nous viennen des batailles & des victoires, neantmoins ils sont ordinairement plus grands & plus asseurez; & nous pouuons dire qu'ils ressemblent aux fleuues, qui ne meinét pas tant de bruit que les torrens, mais ils sont plus profonds.

La suitte de sa vie l'a tesmoigné en laquelle son conseil par maniere de dire a gagné des batailles & faict tomber les armes des mains à vne nation. Quand ie dy cecy, ie regrette de rafreschir nos playes & rappeller la souuenance de nos douleurs. Mais pourquoy-non la memoire de la tourmente qui recommande l'art

& l'induſtrie du pilote? Souuenez-vous qu'elle eſtoit la face de la France en l'année ſoixante & douze, lors que la rebellion & l'horreur des armes la rendoit le theatre des plus ſanglantes tragedies. En ce temps les Suiſſes, eſmeus de ce qui ſ'eſtoit paſſé icy à l'endroit de ceux de la religion pretenduë reformée, auoiét leué les armes pour eſpouſer leur querelle, & ceſte nuée pleine de greſle & de tempeſte apreſtoit des menaces pour accroiſtre nos mal-heurs. Ce grand Chancelier, le nom duquel reſpirera touſiours la majeſté parmy ces peuples, leur fut enuoyé pour les appaiſer, & leur faire comprendre tát la douleur du Roy Charles neufieſme de bruſler ſa moiſſon, comme les iuſtes motifs qu'il auoit du chaſtimét de ſes ſujets : Ce qu'il fit ſi heureuſement, que l'huile de ſes diſcours fit

ORAISON

cesser la tourmente que la contraste des vents & le pretexte de religion auoient suscité, de sorte qu'vne nation belliqueuse fut vaincuë par vn seul, & rendit les armes à son conseil.

MAIS quelle plus heureuse bataille a iamais esté gagnée pour ce Royaume qu'en l'année soixante & treize, en laquelle les fleurs de Lis, qui commençoient à s'espanir au rude climat de Pologne, furent replantées en leur parterre? Diray-ie ce que ie conçoy dans mon cœur, ou ce qui vous sera agreable? Ie diray la verité, que les sages aduis de nostre defunct, qui se trouua pour lors Ambassadeur en ces quartiers, donnerēt la France au Roy & le Roy à la France, facilitāt par son adresse le retour du feu Roy, comme il l'auoit chaudement sollicité par ses conseils d'entrer en l'heritage de ses deuanciers;

deuanciers; tellement que ce seul acte qui consola la France en sa viduité pour la rendre incótinent espouse du premier Prince de la terre, qui nous sauua des dágers & des seditions qui suiuent ordinairemét les inter-regnes & les sceptres vacquans, merite que le nom de ce sage Nestor soit escrit sur la couronne, & que sa memoire dure tant que la France & le nom des François sera honorable parmy les nations.

IE ne puis empescher que ie ne me respande de ioye en la souuenance des biens dont nous recueillons encór les fruicts, mais il est aussi raisonnable de considerer la main & l'esprit de celuy qui les a faits. Et partant rappellez, ie vous prie, vos pensées auec moy pour les arrester fixement sur vne chose digne de merueille. Les Romains, dit Plutarque, pensoient

D

ORAISON

qu'entre les Dieux il y en y eust quelqu'vn, duquel l'office propre fust de procurer ça bas la recognoissance de la vertu, & de s'opposer au mauuais Demon, qui faict naistre auec elle ie ne sçay quoy pour la combattre & l'oppresser, rapportant à cela ceste malice ordinaire que nous voyons entre les hommes pour la persecuter: de sorte qu'on peut dire que cõme le Soleil ne luit iamais qu'il ne produise des ombres; de mesme la vertu n'esclaire point si tost, qu'elle ne s'oppose l'enuie & suscite ses ennemis. Mais ce Dieu parmy les Payés c'est l'esprit & la volõté de nos Roys parmy nous, qui la defendẽt de l'outrage & l'authorisent de leur faueur, auec vn soing particulier de recognoistre les seruices de leurs sujets. Le Roy defunct considerãt les merites & les seruices signalez que ce grãd personnage auoit rendus à la Couronne, ne fut point si tost sacré qu'il le fit superintendant de ses finances. Ceste charge est des plus grandes du Royaume & de plus d'importance, & qui veut rencontrer sur tout deux qualitez en celuy qui la possede, vne grande probité & vne grande force d'esprit, qui se trouue en ses Genies que Dieu suscite pour le bien de la France, pour s'opposer puissamment aux desreglemens, surprendre la finesse, & rompre les importunitez. Messieurs ie veux mal à ma langue de ne pouuoir dire parfaictement sur ce sujet, ce que ie conçoy dans mon ame. O! que le miracle est grand d'auoir les mains pures dans la corruption d'vn siecle, de conseruer l'integrité au milieu des dangers, & dans la commodité des biens, qui nous rendent si impuissamment alterez,

ORAISON

vouloir d'autant moins, que nous pouuons d'auantage, bref ressembler au fleuue Alphée qui trauerse la mer sans se saler, pour rendre ses eaux claires & douces à la fontaine d'Arethuse. Ce miracle s'est rencontré en nos iours: Car qui du temps passé a manié les Finances auec plus de candeur & de foy que nostre Chancelier? lequel durant les profusions & les desordres s'est tenu ferme sur vn pendât si glacé, & n'a point voulu agrandir la fortune de ses biens par le thresor sacré, comme nous le sçauons & le voyons, & loüé soit Dieu qu'vne verité si belle reçoit son tesmoignage de tous costez. Mais dire cecy, c'est comprendre en peu de mots la perfection à laquelle l'homme peut arriuer pour mespriser la terre, & traictant auec elle viure dans les cieux, c'est proprement ressembler à cet-

esprit, duquel ie lis ces beaux mots dans Seneque ; *Quemadmodum radij solis contingunt quidem terram, sed ibi sunt vnde mittuntur; sic animus magnus & sacer & in hoc demissus vt propiùs diuina noscemus conuersatur quidem nobiscum, sed hæret origini suæ, illinc pendet, illuc spectat ac nititur.* A ce propos il me souuient d'vne vieille fable des Poëtes, mais pleine de bon sens, que les Dieux ialoux de la grãdeur de Iupiter le vouloient tirer en bas par vne chaine d'or qui pendoit du ciel en terre & chacun d'eux contribuãt son effort, leur mauuaise volonté demeura sans effect : ô belle ame! les richesses qui donnent la loy au monde ne vous ont point esbrãlé, & cette chaine d'or ne vo⁹ a iamais peu deplacer pour vous faire tomber du ciel clair & serain de vostre innocence. Aussi sçauoit-elle ces belles sentences de

ORAISON

l'esprit de Dieu: *Substantia festinata minuetur, quæ autem paulatim colligitur, manu multiplicabitur*, Prouer. 13. comme aussi, *Hæreditas, ad quam festinatur in principio, in nouissimo benedictione carebit.* Prouerb. 20.

D'ICY i'apprens à ne m'estonner plus si le reste de sa vie n'est qu'vne image de grandeurs, car l'ame qui a receu cette trempe ne promet que des miracles. Ie ne veux point donc admirer le sage traicté d'Espernay auec le Duc de Casimir, pour arrester ce torrent qui desbordoit sur la France, renuoyant les Reistres en leur païs pour quelque somme d'argent, employant ainsi les finances pour vous guarentir du rauage de vos ennemis, ny la patience auec laquelle il supporta la prison sous le mesme Duc de Casimir pour faute du payement accordé, hostage precieux pour le repos de la France, ny ce iugement & ce conseil qu'il fit paroistre en la conference de Flex & de Nerac, faisant plusieurs voyages vers sa Majesté lors Roy de Nauarre, pour le seruice du feu Roy; ny tous les autres qu'il fit en Fládres vers feu Monsieur pour le cõseiller sagement en plusieurs choses d'importance; ny l'ambassade extraordinaire en Angleterre pour empescher ceste barbare execution de la Royne d'Escosse; en laquelle il fit reluire les feuz de son esprit & de son eloquence, qui eussent sans doute destourné le coup, si la Royne d'Angleterre n'eust esté alterée du sang de ceste Princesse dolente, qui rendit l'ame sous l'effort d'vne perfide cruauté; ny tout ce en quoy depuis il fit paroistre la sagesse & la force de son esprit: car combien que toutes ces choses soient grandes, neantmoins la va-

ORAISON

ſte capacité du grand de BELIEVRE releuée par deſſus l'ordinaire les rendoit de foibles exercices de ſa vertu; & laquelle durant ce temps receut encor ſon teſmoignage par l'office de Preſident au Parlement de ceſte ville, qu'il garda deux ans, vous donnant par ce moyen la commodité de cognoiſtre de plus pres les belles parties de ſon naturel.

I'ay dit beaucoup en blot & en courant, & comme coſtoyant la terre en ceſte nauigation: car auſſi qui voudroit ſ'abádonner à ſes abyſmes? Mais ie ne puis paſſer outre ſans vous aduertir de quelque choſe qui ſe preſente à ce propos. Pour bien voir les actions de feu Meſſire POMPONE DE BELIEVRE, & les peſer au ſicle du Sanctuaire, il faut remarquer, entre autres, deux grandes qualitez qui leur apportent

beaucoup

beaucoup de grace & d'enrichisse-
mét; à sçauoir vn grád courage pour
les entreprédre, vne vigiláce incroyable pour les acheuer: Car le premier
surmontant les difficultez des affaires
en leur naissance, & l'autre les accom-
pagnát des yeux ouuerts, on les conduit heureusement à leur fin. Quant
au premier, nous sçauons que la fortune d'vn chacun, pour médiocre
qu'elle soit, donne de la peine à la
conduire: Combien plus ces grandes
conditions qui ne semblent auoir de
grandeur que pour embrasser d'a-
uantage de difficultez? Et si la plus
penible couche de la nature (disoit
vn Ancien) est celle de nos desirs, où
elle se blesse si souuent, que sera-
ce de ces hautes pensées necessaires
aux charges eminentes & releuées?
Combien faudra-il apporter de courage pour leur naissance? combien de

E

force pour leur execution? En quoy cecy est cōsiderable, que les cōmandemens des Roys surprenant quelque fois nostre defunct en ses maladies, il les receuoit neantmoins auec allegresse, & nonobstāt son infirmité se mettoit en chemin pour les accomplir, foulant la consideration de sa santé par mespris, & faisant seruir son corps malade aux saines & sainctes intentions qu'il auoit d'obeir à la volonté de ses maistres. De ceste sorte tout est faisable, car les Payens mesmes tenoient, *Deos fortioribus adesse*, dit Tacite, & conseilloient de n'attendre iamais *nihil agenti, in sinum de cœlo deuolaturam esse victoriam*, dit Tite-Liue. La seconde qualité c'est la vigilance, laquelle auec le courage & le trauail conduit à chef nos entreprises, representée anciennement par vn œil qui estoit dans la main, d'où nous est venu le Prouerbe, *Manus oculata*, à fin que l'œil esclairast ce que la main mettoit en œuure, & que nous eussiõs à cõprendre le soin & la vigilance, que nous deuons apporter en nos affaires. Car aussi la manne, qui tomboit aux desers, deuoit estre cueillie auant le Soleil leué, & la prouidence de Dieu fut represẽtée à Hieremie par vne verge qui veilloit; comme le Royaume des cieux & la couronne d'immortalité n'est que pour les veillans. A ce propos on ne peut assez loüer le conseil de l'Empereur Galba, lequel fit grauer autrement la pierre de sa bague, de laquelle il cachettoit ses lettres, que les premiers Empereurs : Car l'histoire nous apprend qu'Auguste seelloit premierement auec l'image de Sphinx, monstre tant cogneu en l'antiquité; depuis il se seruit de cel-

ORAISON

le d'Alexandre, & enfin employa la siéne pour cét effect ; & nous ne lisôs pas que les autres ayent changé ceste façon de faire, iusques à l'Empereur que i'ay dit, lequel fit grauer en sa bague l'image d'vn chien, qui touchant des pieds de derriere la prouë d'vn vaisseau auoit le reste du corps en l'air. C'estoit pour s'aduertir soy-mesme, & instruire tous ceux qui se meslent des affaires des Princes, quelle vigilance il faut apporter en leurs charges, pour ne s'endormir, nô plus que feroit vn chien de sa nature vigilant, & en ceste perilleuse posture de tomber dans la mer. Mais qui ne sçait la vigilance incroyable de nostre Chancelier, puis qu'il a signalé toutes les années de sa vie depuis qu'il se mesla des affaires publiques, de quelque action celebre & digne de memoire ? tellement que la suite des difficultez, qui naissent à milliers dâs vn siecle embroüillé, luy tenoient tousiours les yeux ouuerts, afin qu'il renôçast à toute sorte de repos, pour donner le repos à sa patrie; & nous pouuons dire que son sommeil ressembloit à celuy d'Achile, lors qu'il reposoit sur son bouclier, dâs lequel tout ce monde estoit graué; puis que son dormir n'estoit autre que profondes pensées sur l'estat du monde & le bien de la France.

TOVT ce que i'ay dit, regarde sa vie ciuile & comme engagée dans le parc des contentions; Trouués bon, ie vous prie, que nous descendions pour le voir dans la vie domestique & priuée, afin que nous rendions le comble de loüanges à celuy qui sçait viure, & comme grand Magistrat, & comme bon citoyen. Car c'est vn exemple rare d'exceller en toute sor-

ORAISON

te de fortune, comme d'emporter le prix en toutes sortes de sciences; & la volonté n'est pas moins admirable, qui releue la vertu en tous aages & en toutes conditions, que l'entendement qui possede la cognoissance de toutes choses. Et quant à ce dernier, nous confessons que nostre esprit est limité à certaines sciences, ausquelles il semble auoir des rapports secrets, demeurant court & incapable pour le regard des autres : *Comœdia Pyladem habet eximiè clarum, Batillum tragœdia, muta vices neutrum noueris:* soit que cela nous arriue du temperament de nos corps, l'humeur abondante imprimant sa vertu aux esprits animaux, qui la communiquent depuis aux images corporelles des choses, & que par ce moyen l'ame, qui ne peut agir que par leur entremise, se trouue plus habile pour certaines choses, ausquelles l'humeur a plus d'analogie & de cōformité; soit que nous voulions icy recognoistre la iustice de Dieu, qui venge nos fautes & nos pechez par les tenebres & l'aueuglement; ou en fin que l'esprit de l'homme soit borné (comme il n'est pas infiny) pour esclairer dans vn cercle & dans vn espace limité. Mais tout cecy se trouue plus veritable pour le regard de la volonté, laquelle, outre cela, souffre les orages des passions, qui la poussent diuersemēt selon la difference des fortunes. Et de faict, nous auons veu plusieurs, qui s'acquerans de l'honneur dās vne vie actiue & empressée, se sont depuis fondus & ramollis dans le repos, cōme Plutarque le tesmoigne d'Alcibiades, qui faisant le graue & le serieux parmy les Spartiates, se monstra mol & effeminé entre les Ioniés

ORAISON

Or loüé soit Dieu, que l'occasion se presenta apres tant d'Ambassades, de tesmoigner le contraire: & ne trouuez point estrange que ie suiue l'ordre de sa vie; car chaque année de suite m'a tellement attaché par des effects nouueaux, qu'on ne m'a peu diuertir de leur consideration.

Les anciens voulās dire que la vie, pour heureuse qu'elle fust, estoit sujette aux trauerses, nous representoient les trois Graces, de telle sorte que deux nous regardans la troisiesme tournoit le dos; & les Carthaginois considerant le flux & le reflux de nos fortunes disoient que *Gamma* quelquefois persecutoit *Beta*, & qu'à son tour *Beta* persecutoit *Gamma*; & tout cela pour enseigner qu'il n'y a point de condition si haute & si asseurée, qui ne soit sujette à l'eschec, ny bonasse qui ne puisse estre

suiuie

suyuie de la tourmente, ny medaille qui ne porte son reuers. Ie pourrois rapporter cecy au temps que Monsieur le Cháceliere se retira de la Cour en sa maison, comme la plus part des officiers, n'estoit que ceste disgrace en apparence regardoit plustost le Royaume que leurs testes, & que ceste eclypse ressembloit à celle du Soleil, qui pour perdre la veuë de la terre, ne perd point de lumiere. Aussi les grands personnages sont comme le mont Olympe; les vents peuuent souffler à son pied, mais sa teste est par dessus les tempestes & les meteores; d'autant qu'vne ame releuée void l'Empire de la fortune au dessous d'elle, ses ondes & sa marée ne peuuét môter si haut, & tous les traits decochez de son indignation ne peuuent atteindre à sa vertu pour l'entamer: que la rouë tourne, elle d emeu-

F

ORAISON

re sur l'aissieu; que le mõde roule, son pole ne couche iamais; bref si les orages grondẽt & fremissent à l'entour, alors elle resemble à vn roc, qui sans s'esmouuoir, void rompre à ses pieds les vagues de la mer. Telle estoit la constance & la tranquillité d'esprit de ce grand Chancelier dans sa maison: constance, qui se respandant au dehors durant la vie ciuile, sembloit se fortifier & s'agrãdir, la recueillant & rappellant au centre de son ame. C'est pourquoy la consideration de sa vie durant ce temps est si douce & si fructueuse, & qui nous peut infiniment instruire & consoler. Car les actions d'vn homme consideré chez soy, representẽt sur tout l'assiette & le naturel de son esprit; celles que nous faisons au dehors, ne sont pas tousiours nostres, les vnes nous sont desrobées par des respects humains, les autres arrachées par des considerations importunes, les autres viennent de l'artifice, non point de la nature, & pour le dire en vn mot, ce n'est point tousiours nous qui paroissons deuant les hommes. Or il importe beaucoup de sçauoir qui nous sommes, pour ne nous tromper au iugement de nos actiós, & pour cognoistre parfaictemét celles qui sont nostres, & les separer des estrangeres. Car comme les metaux ont des marcassites qui leur ressemblent; ainsi parmy les actions belles & glorieuses on en void d'autres, ou qui coulent par la nature, ou qu'ō exprime par artifice, qui contrefont les traits & l'image de la vertu. Voyons maintenant celles de ce grand Chancelier, qui estoient veritablement siennes, combien elles esclattoiét en lumiere chez soy, & dans sa maison;

F ij

ORAISON

car par ce moyen l'on rendra raison de son loisir, & de ses exercices continuels. Demandez-vous à quoy s'occupoit nostre defunct durant ce temps? A toutes choses grandes & dignes de luy : S'il regardoit la terre, il plaignoit nos miseres; s'il regardoit les cieux, il ressembloit à Iuppiter, qui selon les anciés, s'abstenant des choses du móde, demeuroit remply & rauy de ses propres pésées. Il practiquoit la sainte Philosophie, & sçauant aux vanitez du monde regardoit les choses presentes comme mortel, & celles à venir comme immortel.

ORIGENE expliquant mysterieusement ce que l'histoire du monde rapporte en la Genese, touchant le premier homme & sa femme, qui fut fait de luy durant son sommeil, veut monstrer que cela se peut entendre dignement de l'ame & du corps : Noſtre ame, dit-il, eſt Adam, lequel dormant produit de ſoy Eue, c'eſt à dire le corps, ou la vie animale & ſenſuelle. Car l'ame, qui deuroit veiller inceſſamment en la meditation des choſes eternelles, n'a point ſi toſt fermé les yeux pour repoſer au ſein des choſes baſſes & terreſtres, qu'elle produiſt ceſte Eue, qui la trôpe & la ſeduit, c'eſt à dire, la vie du ſang & de la chair, & l'amour des choſes caduques & mortelles. *Anima (enim) tunc animal ex ſe propagat, quando ex priſtina apud Deum vigilia, ad naturalia labens, diuinorum oblita, iam dormit & ſomniat.* Mais cét inconuenient n'arriue point aux ames de ceux qui ſe ſouuiennent de leur naiſſance & de leur dignité : Il n'y a point pour elles de nuict & de ſommeil, qui les faſſe deſcendre & repo-

F iij

ser aux creatures ; mais des pensées chastes, & sainctes esleuatiõs, qui les font veiller incessamment en la consideratiõ des choses diuines ; comme l'on remarquoit en ce grand Chancelier, qui sçauoit la sentence dorée de Phauorinus, *Nihil in terra magnum præter hominem, nihil in homine magnum præter mentem & animum.* Les anciens considerans telles ames en cét estat releué, les appelloient des Demons, ou qu'elles estoient au moins assistées d'eux, & des plus grands, pour se soustenir sur la terre, & faire des actions par dessus l'ordinaire des autres ; & qu'alors : *Totam vitam suam suspendebant ex Dæmone.* Mais pour parler en Chrestien, il est asseuré, que Dieu ordonne des Anges superieurs pour assister a ceux, qu'il à choisi dãs son cõseil pour presider au monde, & faire esclatter ça bas l'image de sa grandeur: Autrement nous serions en peine de sçauoir d'où nostre defunct tiroit ceste tráquillité d'esprit, ceste force inuincible, & ces genereuses resolutions en toute sorte de fortune.

Mais aussi il se faut souuenir en sa faueur, de ceste belle difference qu'il y a entre la fortune des sages, & celle des mondains : Celle-cy court apres l'honneur pour l'acqueeir, mais l'honneur va fuyuant la fortune des sages pour la rendre honorable, voire mesme dans le mespris. Car si la peine & la coulpe sont de mesme datte & de mesme aage, il est raisonnable aussi que la gloire & l'honneur soient inseparablement vnis à la vertu, laquelle par ce moyen porte auec soy sa recompense, qui ne peut estre empeschée par l'enuie, par les trauerses, par la calomnie, & par tout ce,

ORAISON

dont l'iniuſtice d'vn ſiecle peut menacer l'innocence du vertueux. C'eſt à mon aduis le ſens de Caton, lors qu'il reſpondit à celuy qui demandoit, pourquoy on ne luy dreſſoit point de ſtatuës, attendu ſon merite & les grands ſeruices qu'il auoit rendus à la Republique de Rome : Ie l'aime mieux ainſi ; car il eſt plus honorable à moy, quand on ſ'informe pourquoy ie n'ay point de ſtatuës, qu'aux autres, en demandant, pourquoy on leur en a dreſſé : voulant dire, que la recompenſe des belles actions ne manque iamais, puis que la plus noble que l'on ſçauroit deſirer, c'eſt de les auoir faictes. D'où nous tirons vne grande conſolation pour nous eſchauffer à bien viure, quand nous ſçauons que la vertu n'a point de couronne plus belle, que celle qui ſe fait de ſes branches,

ny

ny guirlande plus precieuse, que celle qu'on amasse de ses fleurs.

CECY estoit deuant les yeux de ce grand personnage, qui le pouuoit rendre heureux & content en sa maison, mesme quand tout le monde eust coniuré contre luy: Mais il n'en fut pas ainsi: car il n'y a sorte de deferences qui ne luy fussent renduës en cét Estat, auquel il receut vn illustre tesmoignage de ses merites, qu'au temps que l'on violoit les loix diuines & humaines, & que la licence & l'impunité regnoit en ce Royaume, il fut egalement honoré de toutes sortes de personnes. Sa maison estoit le bureau des conseils, & l'esperance de la paix, pour vnir les volontez des Princes & du peuple: c'est pourquoy elle fut reuerée de l'vn & l'autre party, & demeura, comme le temple d'Apollon, sans estre

G

ORAISON

violée des amis ou des ennemis.

MAIS aussi, qui me pourroit dignement representer, comme auec les exercices que i'ay dit, il mesloit l'amour qu'il portoit à la France & le soin du bien public? Mon Dieu! que telles ames resséblent aux cieux, qui pour esloignez qu'ils soient de la terre, ne cessent de rouler à l'entour pour luy bien faire! Tesmoins en estoient les lettres & les aduis qu'il enuoyoit de toutes parts, pour faire quelque ouuerture à la paix ; tesmoins les discours qu'il tenoit auec les Grands qui le visitoient pour pacifier les choses, & rappeller le calme & la tranquillité; tesmoins les regrets & les souspirs, qu'il iettoit amerement sur l'estat & la face du siecle; tesmoins les prieres ardentes, qu'il faisoit à Dieu d'esteindre le feu, qui brusloit entre ses mains pour estre eslancé sur nos testes fautiues. O que la charité est puissante, pour nous obliger aux trauaux, & pour esmouuoir nos cœurs sur les miseres publiques!

DIEV benissant les desirs de ses amis qui regardent sa gloire, voulut exaucer les vœuz de nostre defunct, inspirât au cœur de sa Majesté d'employer Messire POMPONE de BELIEVRE, à la conference de Suresne : Conference que tu ne peus oublier, ô France, si tu ne veux oublier en mesme temps les premieres nouuelles de ton repos. Car ce fut l'heureuse iournée, qui dissipa nos tenebres par les rayons de ce grand Soleil HENRY IIII. lequel se leuant sur la Frâce & les cœurs des François, amena par son retour la paix, l'abondance, la pieté, & changea la nuict funeste de nos mal-heurs en la douce lu-

ORAISON

miere, qui resioüit nos cœurs, & sert d'estonnement aux estrangers. En ce temps donc, & au lieu que i'ay dit, plusieurs grands personnages estant assemblez, pour penser au mal qui se rendoit incurable; ce grand Chancelier s'y trouua, qui ouurant les tresors de son esprit (nonobstant sa maladie corporelle) facilita merueilleusement la trefue & la paix par son conseil; c'est à dire, il rendit les villes aux Citoyens, la confiance aux François, les biens aux familles, le commerce au Royaume, les prestres aux autels, les autels aux sacrifices, les sacrifices à Dieu; & nous sauua de ce perilleux naufrage de toutes choses, que la rage & la malice nous auoit appresté. Or maintenant si les maux, que nous eschappons par la prudence de quelqu'vn font vne partie du benefice, & que leur grandeur serue de mesure au bien-fait; qu'elles actions de graces pourrons-nous iamais rendre pour les maux effroyables, d'où nous sommes guarantis? La guerre auoit desolé vos maisons, les diuisions partagé vos familles; & les armes Françoises (qui estoient autrefois la terreur & le fleau des peuples infideles) ne rougissoient plus que du sang des François; vos vierges estoient polluës, vos autels desmolis, vos Sanctuaires profanez; quelle recognoissance donc deuons-nous à ceux qui ont descharmé nos esprits, chassé nos tenebres, & serené l'Estat? Et principalement à luy qui a tant trauaillé pour esteindre vos feuz & vos brasiers, qui n'a iamais depuis de cœur & de parolle, que souhaitté la paix? que conseillé la paix? que defendu la paix? Que si l'on donnoit autrefois vne couronne à celuy, qui

ORAISON

auoit sauué son citoyen, ou qui auoit deliuré quelque ville du siege des ennemis, combien sa prudence a sauué les vns, & defendu les autres! Mais si pour autant de villes & de citoyens sauuez, nous multiplions les couronnes, voyez-vous où le discours me porte pour vous rauir, & combien de couronnes il porte sur sa teste, maintenant toutes encloses dans la couronne d'immortalité?

IE pensois finir par ce chef-d'œuure, quand des choses nouuelles me viennent en la pensée, lesquelles sont si grādes & augustes, que ne les pouuant rapporter selon leur merite, ie ne les puis aussi oublier sans sacrilege! Lors que i'arreste mes yeux sur les merueilles que Dieu a desployez sur cét Estat, & comme par vn million de miracles il a frayé le chemin à sa deliurance, pour faire regner sur nos testes, & au centre de nos cœurs le plus grand Monarque de la terre; ie dy, Mon Dieu, que vos secrets sõt impenetrables, qui par des voyes incogneuës à la sagesse des hommes, appaisez tout à coup la tourmente, & nous ramenez le serain & la tranquillité! Mais outre cela, vne chose nous manquoit pour nostre contentement; car ce bien qui nous estoit arriué si grand contre les esperances, si promptement contre les apparences, nous laissoit la crainte de sa durée & de son changement; & ne pouuiõs viure sans apprehension, quoy que la paix fust en nos maisons, cependant que la guerre estoit au dehors, & que les armées ennemies faisoient l'enceinte de nos murailles. Dieu donc voulant verser sur ce Royaume ses plus douces faueurs, & affermir la paix (ô benefice incomparable!) au

ORAISON

temps mesme que la France faisoit la guerre à Dieu, auec les armes que son impieté luy mettoit entre les mains, la resolut en son conseil entre la Frāce & l'Espagne. Mais les conseils du ciel sont des commandemens en terre, lesquels sans rien forcer, tirēt doucement de nous leur accomplissemens. C'est pourquoy le S. Siege, qui verse tousiours des larmes, quād les Chrestiens versent leur sang, despescha ceste grande & honorable Legation, du tres-illustre Cardinal de Florence, de la Maison tant amie & tant fauorable à cét Estat, & lequel depuis esleu Pape par le decez de Clement huictiesme, nous faisoit esperer de recueillir les fruicts de son amour en ceste charge, si Dieu tost apres ne l'eust retiré dans le ciel, pour nous les faire sentir par ses prieres. D'autre costé sa Majesté qui se laisse

conduire

conduire par la main à la prouidence de Dieu, qui veille sur sa teste & sa couronne, despescha de sa part nostre grand Chancelier en la compagnie de celuy, que la France reuere comme vn grand pilier de l'Estat, & duquel la vertu viuante & regnante, me ferme la bouche en ceste chaire. Auquel traicté les choses furent si sagement pesées, & heureusement conduites, que nous auons par la grace de Dieu vn regne de Salomon, durant lequel le peuple pouuoit viure en asseurance sous sa treille & sous son figuier. Ainsi ce Royaume repurgé au dedans des humeurs peccantes, qui le faisoient pancher à la desbauche, & l'oliuier de la paix arboré sur ses frontieres, nous rendoit la merueille & l'estonnement des estrangers.

DES lors on pensa aux moyens

ORAISON

de rendre ceste paix perdurable, & de cimenter estroitemét les cœurs & les volontez des François; non auec l'artifice de Romulus, qui fit apporter à chaque peuple qui habitoit dedans Rome, de la terre de son païs, pour remplir & combler vne profondeur beante, qui estoit en l'vne des places de la ville; afin que Rome fust la terre commune des nations, pour les obliger sous mesmes loix à la mesme societé; mais par des Edits sacrez de pacification, & des remedes propres à nostre mal. Car il y a certains Demons, qu'on ne peut chasser qu'auec la harpe & la musique; & certaines maladies, qui ne se guerissent, qu'auec le miel & la douceur, & non auec les choses aigres & ameres: comme les curieux en la recherche de la nature, remarquét qu'on void aupres du fleuue Harpasus vne colline ou vn rocher, lequel estant touché legerement des doigts se tourne rond comme vne boule: mais il demeure immobile, si on veut apporter de plus grands efforts, & vne plus grande contention de bras. Les hommes nez auec la liberté, & principalement les François, ressemblent à ce rocher, la douceur les conduit & les gouuerne, la violence & l'effort les rend opiniastres & tenans. C'est là, où la sagesse reluist en ceux qui leur commandent, comme elle paroissoit en ce grand Chancelier autheur de tant de maximes belles pour tous les siecles, mais vtiles en nostre temps. Et i'apprends de sa conduitte l'intelligence de ce qu'Orphée chantoit anciennement par ses hymnes en l'honneur de Pallas, l'appellant tantost masle, tantost femelle: Car qu'est-ce autre chose cela, sinon

ORAISON

nous dire que la prudence tantoſt ſe monſtre ſeuere, tantoſt douce, que maintenant elle flechiſt, maintenant elle roidiſt, changeant de nature & de poſture ſelon l'occurrence & la neceſſité; comme les mariniers, qui meſnagent bien ſouuent les vents contraires, pour ſurgir au meſme port. Reprenant d'icy tout ce que i'ay dit, ſoit au maniment des finances, ſoit aux ambaſſades, ſoit en ſa maiſon, ſoit aux traictez & conferences, vous voyez que ſa vie eſt vn abregé d'innocence, de force, de vigilance, & de prudence. Car auſsi la prudence ſans vigilance, c'eſt flegme; l'innocence ſans force, c'eſt foibleſſe; la force ſans prudence, c'eſt temerité; la prudence ſans innocence, c'eſt malice; la vigilance ſans prudence, c'eſt folie; la prudence ſans force, n'eſt que crainte; la vigilance sans innocence n'est que finesse: mais la prudence, la vigilance, la force & l'innocence, c'est la couronne precieuse de l'homme vertueux.

MESSIEVRS, il y a d'auantage, car toutes ces parties, pour belles qu'elles soient, demeurent inutiles sans le bon-heur, & sans ceste benediction qui accompagne nos desseins, pour les faire reüssir heureusement. Et combien que ce bon-heur ordinairement vienne de la prudence & preuoyance, qui va au deuant des difficultez ; neantmoins nous sommes souuent contraints, de le rapporter à vn secret particulier de la prouidence de Dieu, qui benit les affaires & leur conduite entre nos mains. Car nous cognoissons certaines personnes sages & bien-aduisez, qui sont toutesfois mal-heureuses en leurs entreprises, comme si quelque

ORAISON

Demon malin auoit presidé à leur naissance, & continuast de les trauerser le reste de leur vie, semblables à Cassandre, de laquelle les propheties veritables, furent tousiours suiuies de l'incredulité. Le contraire s'est monstré aux actions de nostre defunct, qui a eu ce contentement, que voulant tousiours ce qu'il deuoit, il a tousiours faict ce qu'il vouloit, le bon-heur reluisant par tout; soit que sa prudence le fit naistre, soit que Dieu l'ayant suscité pour le bié de la France l'en eust fauorisé dés le berceau. Vous l'auez ouy iusques icy aux choses plus importantes, qui se soient presentées dans vn siecle; mais il le faut sur tout remarquer au traicté de Veruins, durant lequel, & ce pendant qu'il concluoit la paix auec les deputez, il fit les premieres ouuertures au tres-illustre Cardinal de Florence du mariage de sa Majesté : mariage, qui n'a point si tost doné des enfans à la France, qu'il luy a donné des arres asseurez de son salut. Or ayant conduit ce dessein si difficile pour lors, si necessaire au Royaume, si important à l'Eglise, au point que nous le voyons, & l'admirons, n'est-ce pas à dire, que l'ame qui fait tant de miracles, a contracté auec le ciel pour faire reüssir toutes ses volontez?

TANT de choses grandes & difficiles ayant esté si sagement pensées, meurement digerées, heureusement practiquées, on ne pouuoit attendre que le comble d'honneurs, qui sont deuz au merite, & suiuent la vertu. Et partant sa Majesté en toutes choses Royale, mais admirable en l'eslection de ses officiers, voulant choisir quelqu'vn qui le peust soula-

ORAISON

ger en la charge de ses affaires, & qui peust dignement porter son image deuant son peuple, fit choix de Messire Pompone de Belieure pour son Chancelier en France, authorité qu'il a conserué iusques à la mort. Mais vous souuenez-vous combié la ioye fut grande de tous les Ordres en ce Royaume pour ceste eslection; combien les vœuz & les acclamations du peuple, combien l'allegresse des officiers de la Iustice, combien les actiós de graces de l'Eglise benissoient le choix de sa Majesté, conceuans toutes choses hautes & magnifiques sous la conduite d'vn si grand, si auguste, & si venerable Chancelier? Ceste charge, comme la premiere de l'Estat, est aussi fort ancienne, & n'y a presque point de nation au monde, qui n'aye eu quelque image de ceste authorité. Surquoy ie me veux abstenir

stenir deuant vous des vaines & curieuses recherches ; *Centuriæ seniorum agitant expertia frugis*, & me contenter de dire, que ce qu'estoit le Questeur chez les Romains, ayant la face du Prince pour son seau, & le pouuoir de publier les loix & les ordonnances du Souuerain, cõme nous lisons au liure des Notices de l'Empire Romain ; ce qu'estoit le Scribe chez les Iuifs, & encor chez les Payens, c'est le Chancelier en France :

Hic est qui leges regni cancellat iniquas,
Et mandata pij Principis æqua facit.

dict Polycraticus. C'est l'œil du Prince, par lequel il regarde la face de son Estat ; c'est son oreille, par laquelle il entend les plaintes & les necessitez de ses sujets ; c'est sa langue, qui declare sa volonté, & prononce au Royaume les oracles de ses Edits ; c'est en fin, *Legum præsidium, iuris*

I

ORAISON

asylum, morum institutorúmque ara. Et quant à son pouuoir & son excellence, on ne peut faire valoir ce que nous lisons aux Actes des Apostres chapitre dixneuf, où le Scribe, qui representoit cét office, appaisa la grande sedition d'Ephese, qui estoit esmeuë contre son Paul, à cause du temple de Diane. A quoy ie veux adiouster en passant vne chose digne de remarque. Dans la Genese chapitre 49. nous lisons ceste grande Prophetie, qui regardoit le Messie à venir, en ces termes: *Non auferetur sceptrum de Iuda, & Dux de femore eius, donec veniat qui mittẽdus est.* Quelques doctes tournent de l'Hebreu; *Non recedet virga de Iuda, & Scribens de inter pedes eius, donec veniat qui mittendus est.* Que le sceptre ne sera point osté à la tribu de Iuda, ny le grand Scribe d'entre les pieds du souuerain que le Messie ne vienne. Grande Prophetie! rencontre fauorable! d'auoir tellemét vny l'Estat de ce grand Scribe à la Royauté, que de les auoir mis ensemble pour seruir de marque au temps de la venuë du fils de Dieu, Monarque souuerain du ciel & de la terre. Or ceste authorité arriuant à nostre defunct, n'est-ce point voir la vertu tousiours esclairante, & non iamais esteinte, & laquelle s'aduançant par tous les degrez, va receuoir la couronne au throsne de la gloire, pour verifier ce que i'ay dit au commencement : *Iustorum semita, quasi lux splendens, procedit & crescit vsque ad perfectam diem?* Chose rare & precieuse dans ce monde, que de continuer la montée toute sa vie, sans s'arrester ou descendre; & de voir vne vertu constante & heureuse, croistre tousiours en lumiere iusques à la fin; par-

ORAISON

ce que, dit Platon, *Nartecophori quidem multi, Bacchi verò perpauci.*

MAIS i'admire icy vn combat glorieux de son merite & de ses charges, & vne sainte emulation, par laquelle il se rendoit d'autant plus digne, que plus on luy presentoit de dignitez. Que dirons-nous de ceste douce grauité empreinte sur sa face, & de ceste patience, auec laquelle parlant peu, il escoutoit beaucoup? Aussi les Lacedemoniens representoient Iuppiter auec quatre oreilles; & Pallas ne veut point tant de mal aux autres animaux, qu'à la corneille, pour son bruit & son caquet. Que dirons-nous de cét esprit tranquille, exempt de colere & de toutes passions, tant necessaire à ceux, qui tiennent en leur mains l'honneur & la teste des hommes? Aussi Saturne, le plus dangereux planete, roule plus lentement que les autres: Et comme dit sainct Augustin, la verge que Dieu donna à Moyse pour le chastiment de l'Egypte, ne fut point changée en lyon, qui se met en fureur promptemét, & donne la mort sans recognoistre ; mais en serpent qui rampe doucement, & est tardif à s'approcher; à fin que les hommes ayans horreur n'en reçoiuent que la menace. Que dirons-nons de ceste integrité inexpugnable, auec laquelle il exerçoit la iustice, sans apprehension des qualitez ou de la puissance du monde ? Aussi la Vierge, au ciel est entre la balance & le lyon; comme l'Astrée Françoise est entre l'equité & la force: & ceux de l'Areopage d'Athenes, ne iugeoient que de nuict, pour n'auoir acception des personnes. Que dirons-nous de ceste prudence & sagesse, laquelle estant

I iij

née auec luy, refplendiffoit en fes vieux iours? Auffi la vieilleffe, eftant proche du refueil d'vne vie meilleure, reffemble aux fonges du matin qui font plus veritables; car le matin le fang impur defcéd, qui eftoit môté au commencemét du dormir, & le purifié demeure; dedás lequel, comme dedans vn miroir, fe forment les plus vrayes & les plus parfaictes images. Bref que dirons-nous, & quelles loüanges arriueront iamais au merite de tant de vertus & diuines qualitez, par lefquelles il enfeigne de fon recueil quelles font les parties neceffaires au fouuerain Magiftrat?

Il ne reftoit que le dernier paffage, qui deuoit couronner la grenade de fes perfections. Sçachant donc la loy eftablie aux hommes de viure en ce monde pour mourir, & fentant de bonne heure deffaillir les forces

FVNEBRE. 35

de son corps, il tourna toutes ses pensées à ce voyage : Et combien que toute sa vie passée rendist tesmoignage de sa pieté ; neantmoins comme le mouuement naturel est tousiours plus fort vers la fin qu'au commencement; aussi en ceste derniere actiō, son zele, sa foy, sa deuotion, rendirēt plus d'effects de leur saincts mouuemens. Apres donc auoir visité sa conscience, & rendu compte à Dieu de ses actions à l'oreille du Confesseur, il luy demeuroit le desir de receuoir le Pain de vie, & le sainct Sacrement de l'Autel; desir si grand, qu'ayant perdu la parole, comme on luy demanda s'il le vouloit, ouurant les yeux il respandit des larmes. Cœur inuincible & Chrestien! qui ne pouuant tesmoigner son desir par la langue, le tesmoigne par les yeux, afin qu'autant de gouttes qu'ils versoient, fus-

ORAISON

fent autant de demandes & de chaudes prieres de receuoir son Dieu: Lequel ayant receu deuotement auec foy & charité (cõme il le tesmoigna par sa contenance abysmée dedans le rauissement) & apres auoir donné d'autres larmes pour la benediction de ses enfans, laissant l'honneur à sa famille, la memoire à son nom, le regret à la France, son corps au sepulchre, il rend son ame à Dieu. Belle ame! qui lassée de nos miseres & des afflictions de ceste vie mortelle les auez changées pour le repos du ciel! Mais helas! en ce iour la France perd vn fidele Cõseiller, la Iustice vn flambeau, l'innocence vn appuy, les paures vn tuteur, la paix vn amy, l'Eglise vn defenseur. O dure mort! que tu nous rauis de biens! que tu nous apporte de regrets!

CEPENDANT que vous semble, Messieurs,

FVNEBRE. 37

Messieurs, de la vie des hommes & de sa vanité, laquelle dés sa naissance ne cesse de precipiter son cours à trauers des infirmitez & des douleurs pour se rendre au tombeau, qui reduit au neant la pompe de la terre? Celuy qui ces années passées possedoit les charges plus eminentes du Royaume, n'est maintenant qu'vn peu de poussiere dás le cercueil. C'est icy la fin & le couchát des honneurs; tout ce que les hommes admirent en ceste vie, se brise contre cét escueil: O vita (dit S. Augustin) *quæ tantos decipis, quæ dum surgis nihil es, dum videris vmbra es, dum exaltas fumus es!* A raison dequoy les Druides faisoiét si sagement de ne compter leurs années & leurs mois que par les nuicts, pour monstrer que ceste vie se passoit dedans les tenebres. Que deuiendront maintenant toutes ses hautaines con-

K

ceptions sur la grādeur de l'homme?
Dequoy nous seruira de dire, que
toutes choses seruent & cōtribuent à
nostre composition, que de la terre
nous auōs les os & la chair, l'humeur
de l'eau, la respiration de l'air, la chaleur du feu, de la Lune le mouuemēt,
de Mercure les arts, de Venus la grace, du Soleil la vie, de Mars la vigueur, de Iuppiter la vertu, de Saturne la force; si en fin tout cela s'esuanoüit en vn moment, lequel par dessus nous fait rougir de la souuenance
de nos fautes? Car la mort estant naturelle aux choses de çà bas, est encor' honteuse à l'homme, qui luy a
esté donné en proye par son peché,
& qui a rendu sa condition tant differente de celle qu'il auoit au premier estat d'innocence & de iustice.
Ie confesse que l'homme en sa nature droite & entiere estoit vn riche

pourtraict des merueilles de Dieu, enfant du ciel, Prince legitime de l'vniuers; mais il a esgaré ces titres lors que par sa lascheté il s'est r'aualé en terre, pour marcher du pair auec les bestes. L'homme est vn animal adorable & admirable, comme parlent les prestres d'Egypte, mais cela s'entend lors, que la glace pure de son ame represente la Deité. L'homme est vn grand miracle, dit Mercure Trismegiste, mais cela s'entend lors, qu'il vnit en soy les choses diuines & humaines sans les confondre. L'homme est μέτρον ἁπάντων mesure de toutes choses, dit Pytagoras, mais cela s'entend lors, que ceste mesure n'est point faulse par le ply de ses passions. L'homme est vn exemplaire de l'vniuers, dit Theophraste, mais cela s'entend lors, que les viues couleurs de la iustice ne sont point effacées par ſes pechez. L'homme eſt vn Dieu terrien, dit Platon, mais cela ſ'entend lors, que ſes actions ſont de l'eſprit de Dieu. L'homme eſt vn abregé du monde, dit Pline, mais cela ſ'entend lors, que ce petit monde n'eſt point en deſordre & confuſion: Car lors qu'elle arriue comme nous la voyōs, nous la ſentons, nous la pleurōs. C'eſt vrayemēt vn animal admirable, mais en ſes excez; c'eſt vn miracle, mais en deſbordemés; c'eſt vne meſure, mais de tous les defauts; c'eſt vn exemplaire, mais de toute iniuſtice; c'eſt vn Dieu terrien, mais pluſtoſt idole de vanité; c'eſt vn abregé, mais de toutes douleurs & de toutes miſeres. Et comme les ſouueraines beautez durant la vie ſont les choſes plus hideuſes & plus puantes apres la mort: ainſi tout ce qu'eſtoit de beau & de grand en l'homme durant ſon integrité, n'a seruy que pour le defcrier d'auantage en ses pechez.

Mais ce discours ne fait qu'apporter du regret aux ames biē nées, par le reproche de nostre premiere cheute, il vaut mieux dire que la mort qui nous deuroit seruir de honte, sert de passage à nostre honneur & à nostre repos. Les anciens l'ont ainsi creu, cōme Lycurgue le tesmoigna, ordōnāt que les morts seroient enseuelis entre les rameaux d'oliuiers, pour dire que la mort estoit la fin de la guerre, & le commencemēt de la paix. Les Dieux mesmes chez les Payēs en recognoissoient leurs plus fidelles seruiteurs, comme Agamedes & Trophonius, qui ayant basty ce beau temple d'Apollon, la receurent pour recompense. En fin ; *Mors nec horrenda videri debet viro forti, nec immatura Consulari, nec mira sapienti;* & en quelque temps

ORAISON

qu'elle nous prenne, ce n'eſt iamais trop toſt, ſi nous auons bien veſcu. Et partant on ne ſe peut plaindre de la briefueté de nos iours; car celuy qui le feroit, ne verroit pas que nous auons beaucoup de temps, mais que nous en perdons beaucoup. La vie eſt aſſez longue, qui eſt bien employée, mais celle qui s'employe mal, nous eſtonne vers ſa fin, de voir ſi toſt paſſé, ce que nous tenions pour immobile. Nous ne ſommes donc point pauures de temps, mais prodigues, & la vie n'eſt point briefue, mais nous l'abregeons, car ce que nous viuons mal, n'eſt pas veſcu. Heureux, qui durant la courſe de ce monde iette ſes yeux ſur la fin, & qui deſire les choſes durant ſa vie, qu'il faudra ſouhaitter en ſa mort!

FIN.

Extraict du Priuilege du Roy.

PAR grace & priuilege du Roy, il est permis à ROLIN THIERRY, Marchand Libraire & Imprimeur, d'imprimer ou faire imprimer, vendre & debiter; *l'Oraison funebre faicte és obseques de feu Messire Pompone de Belieure Chancelier de France, prononcée en l'Eglise S. Germain de l'Auxerrois, le dixseptiesme Septembre dernier, Par* Messire PIERRE FENOLLIET *Docteur en Theologie, Predicateur ordinaire du Roy, & nommé par sa Majesté à l'Euesché de Montpellier*: Et defenses sont faictes à tous Marchāds Libraires, Imprimeurs, & autres, d'imprimer ou faire imprimer ladite Oraison funebre, en quelque sorte & maniere que ce soit, sinon du consentement dudit THIERRY, & ce durant le temps de six ans entiers & accomplis, à peine de confiscation de tous les exemplaires, & de deux cens escus d'amende, moitié applicable aux pauures, & l'autre moitié audit THIERRY. Voulans en outre, que mettans à la fin ou au commencement de ladite Oraison funebre, vn extraict sommaire des presentes, elles soient tenuës pour suffisamment notifiées sans autre signification, à ce qu'aucun n'en pretende cause d'ignorance, comme plus amplement est porté par les Lettres Patentes. Données à Paris, le vingt-vniesme Septembre mil six cens sept.

Par le ROY, En son Conseil,

DOLV.

www.ingramcontent.com/pod-product-compliance
Lightning Source LLC
Chambersburg PA
CBHW070320100426
42743CB00011B/2486